(N° 175)

Vente du Jeudi 4 Mars 1909

HOTEL DROUOT SALLE N° 9

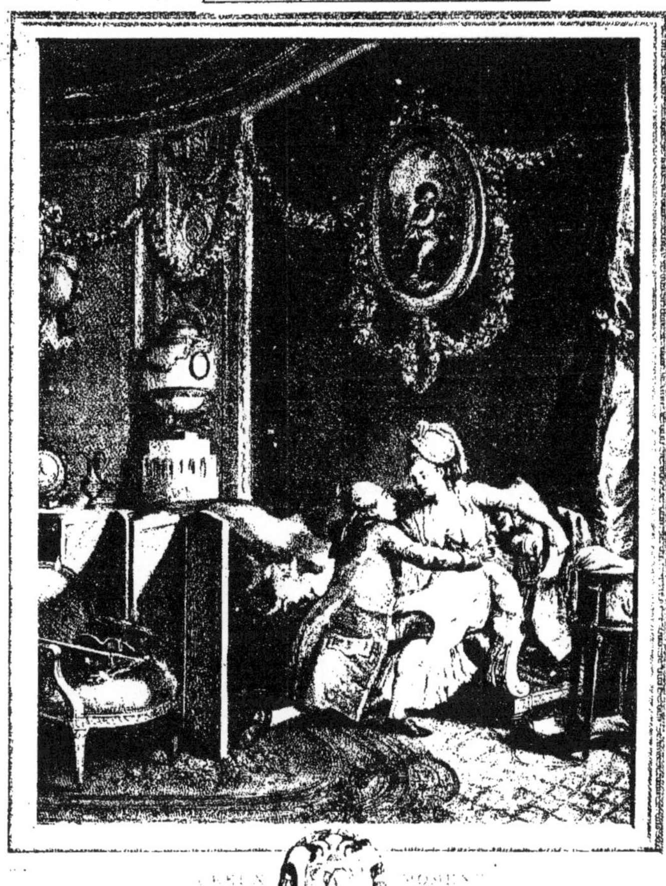

N° 140 du Catalogue.

ESTAMPES ET DESSINS
DU XVIIIe SIÈCLE

Me ANDRÉ DESVOUGES M. LOYS DELTEIL

IMPRIMERIE
FRAZIER-SOYE
153-157, Rue Montmartre
PARIS

CATALOGUE

DES

ESTAMPES

ET

DESSINS

DU

XVIIIe SIÈCLE

Dont la vente aura lieu

à Paris, HOTEL DROUOT, Salle N° 9

Le Jeudi 4 Mars 1909

à 2 heures précises

Par le Ministère de Me ANDRÉ DESVOUGES,

COMMISSAIRE-PRISEUR

26, Rue de la Grange-Batelière

Assisté de M. LOYS DELTEIL, Artiste-Graveur, Expert

2, Rue des Beaux-Arts

CONDITIONS DE LA VENTE

Elle sera faite au comptant.

Les adjudicataires paieront *dix pour cent* en sus des enchères.

M. Loys Delteil remplira les commissions que voudront bien lui confier les amateurs ne pouvant assister à la vente.

MM. les amateurs pourront visiter la collection, 2, *rue des Beaux-Arts*, du Jeudi 25 Février au Mardi 2 Mars, de 2 heures à 5 heures, le *Dimanche excepté*.

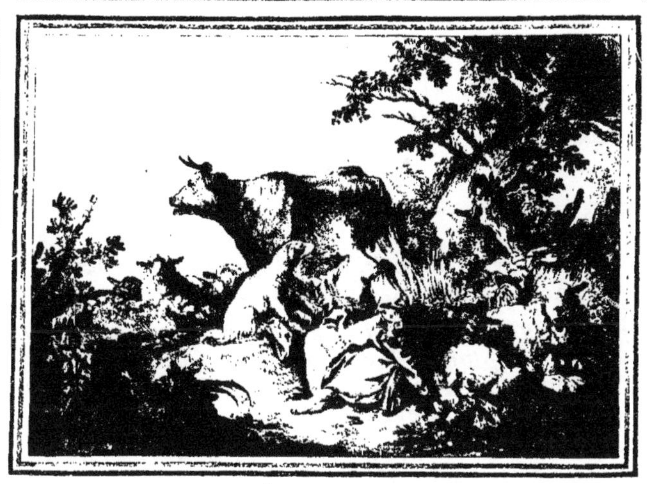

N° 68 du Catalogue.

DÉSIGNATION

ADRESSES

1. Adresses diverses (XVIIIe et XIXe siècles). 28 pièces, plusieurs rares.

ALIX (P. M.)

2. La Fontaine (J. de). Très belle épreuve, *avant la lettre, imp. en couleurs.*

3. Racine (Jean). Belle épreuve, *avant la lettre, imp. en couleurs* (taches de mouches).

4. La Bruyère (J. de). Très belle épreuve, *avant la lettre*, *imp. en couleurs*.

5. Boileau (Nic.). Belle épreuve, *imp. en couleurs*.

6. Michu, du Théâtre de l'Opéra-Comique. Très belle épreuve, *imp. en couleurs*.

ALMANACHS

6 *bis*. *Etrennes musicales ou recueil général de Chansons... Paris, Desnos*, s. d., 12 pl. rehaussées, avec texte (manque quelques feuillets), rel. anc. Exempl. manquant de conservation.

7. *Les Suppositions de l'Enjoument ou les Episodes Mytologiques*. Paris, Jubert, s. d. (1789). In-32, contenant 11 vignettes, sujets gracieux, rel. mar. rouge, fers. Bel exempl.

7 *bis*. *Calendrier de la Flandre, calculé au Méridien de Lille*, pour MDCCLII. In-32 rel. mar. rouge, fers, aux Armes du Dauphin.

7 *ter*. *Almanach Royal, année MDCCLXXI*, Paris, Le Breton. In-8 rel. mar. rouge, fers, aux Armes Royales et aux Fleurs de lys.

ARDELL (J. Mac)

8. Le Flûtiste, d'apr. Molenaer. Belle épreuve. Sous-verre.

AUGRAND (Parfait)

9. Sujets gracieux. Vingt-deux pièces, la plupart *imp. en couleurs* ou *coloriées*.

BARTOLOZZI (F.)

10. Charlotte, d'apr. H. Bunbury. Belle épreuve, *imp. en sanguine*.

11. *Dancing Nymph*, d'apr. A. Kauffman, 1784. Très belle épreuve, *tirée en sanguine*.

12. Cte de Cagliostro, par R. S. Marcuard, 1786. Belle épreuve, tirée en bistre.

13. Gautherot (Mme), d'apr. P. Violet, 1791. Très belle épreuve.

14. La Famille Marlborough, d'apr. S. Shelley. Très belle épreuve, *avant la lettre.*

BAUDOUIN (d'après P. A.)

15. Les Amants surpris — Les Amours champêtres (E. B. 3 et 7). Deux pièces par P. P. Choffard, se faisant pendants. Belles épreuves.

16. Les Amours champêtres. par Harleston (8). Belle épreuve.

17. La Nuit, par E. De Ghendt (35). Belle épreuve, *avant la lettre, à la tablette blanche.*

18. La Rencontre dangereuse, par Le Veau (40). Belle épreuve. On y a joint une étude partielle de la même composition, à l'*état d'eau-forte.* Rare.

BEAUVARLET (J. F.)

19. Molière, d'après S. Bourdon. Très belle épreuve.

BOILLY (d'après L.)

20. L'Amant poëte, par Lévilly. Très belle épreuve.

21. La Douce résistance — On la tire aujourd'hui. Deux pièces par S. Tresca, se faisant pendants. Belles épreuves, *coloriées.*

21 *bis.* Marche Incroyable, par Bonnefoy. Belle épreuve. Sous-verre.

22. L'Optique, par Cazenave. Belle épreuve, *avant toute lettre* (restaurée).

BOIZOT (d'après)

23. *L'Influence d'Apollon et des Muses ranimant la Terre par les Beaux-Arts*, par Ridé. Belle épreuve, *imp. en couleurs.*

BONNET (L. M.)

24. *The Milk Woman — The Woman ta King Coffée.* Deux pièces se faisant pendants. Très belles épreuves, *imp. en couleurs.*

25. *The Milk Woman,* 1774. Belle épreuve, *imp. en couleurs* (rognée à l'ovale).

26. Les Amans heureux, d'apr. F. Boucher. Belle épreuve, *tirée en sanguine.*

26 *bis.* La Lettre, d'apr. J. B. Huet. Belle épreuve, *imp. en couleurs* (sans marges). Encadrée, cadre ancien.

27. Vénus enflammée par l'Amour, d'apr. J. B. Huet. Très belle épreuve, *imp. en couleurs.*

28. Tête de Femme — Chemise — La Marchande de Chanson. Trois pièces d'apr. Le Clerc et Huet. Belles épreuves, *imp. en sanguine.*

BONNET (L. M.) — GÉRARD (H.)

29. Jupiter et Vénus — L'Heure du Rendez-Vous, d'apr. M Gérard. Deux pièces. Belles épreuves, une *tirée en sanguine.*

BOREL (d'après Ant.)

30. La Faute est faite, permettez qu'il la répare, par Anselin. Belle épreuve (cassures).

BOUCHER (d'après F.)

31. Les Amours pastorales, par Duflos. Très belle épreuve.

32. La Courtisane amoureuse, par De Larmessin. Belle épreuve, avec la 1re adresse.

33. L'Ecole de l'Amitié, par Delattre. Très belle épreuve.

34. Jeune Femme en buste, par L. Bonnet, 1767. Très belle épreuve, *imp. à l'imitation du pastel.*

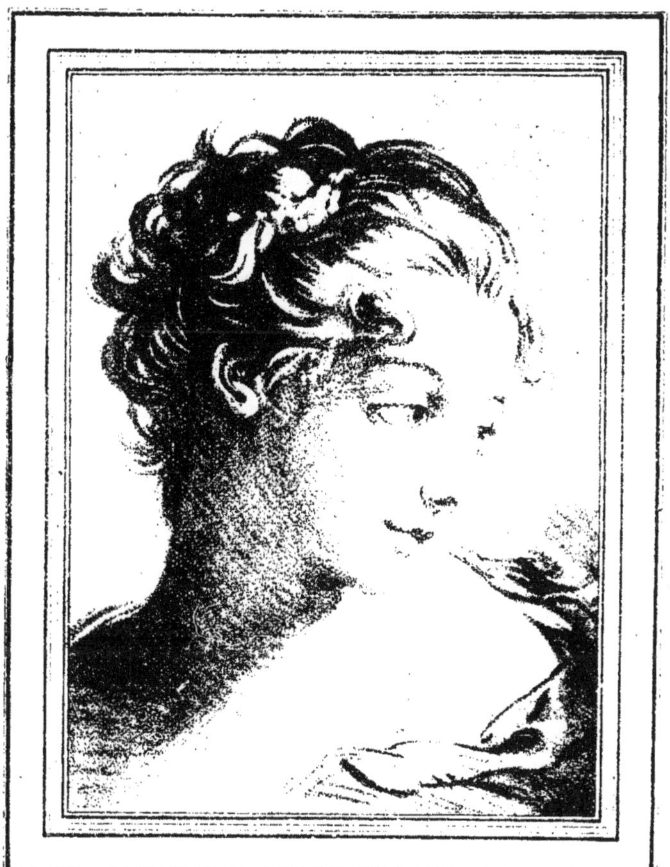

N° 34 du Catalogue.

35. Pensent-ils à ce mouton, par Mme Jourdan. Epreuve encadrée.

36. *The Sheperdess* (F. Bartolozzi Dir[t].), ovale in-8. Belle épreuve, *tirée en 2 tons*, et rehaussée.

37. Le Trébuchet, par P. Aveline. Très belle épreuve.

BOUCHER & FENOUIL (d'après)

38. L'Après dîné (Mlle Sallé) — Le Soir. Deux pièces, par Petit, se faisant pendants. Belles épreuves.

BOUCHER, HUET & LE PRINCE (d'après)

39. Figures, Paysages et Animaux, 6 pl. par Demarmarteau (235), Demeuse, Roubillac, tirées en sanguine (une aux 3 crayons).

CARDON (Ant.)

40. Sir William Sidney Smith, d'apr. R. K. Porter. Belle épreuve.

CHALLE (d'après)

41. *The Officious waiting Woman*, par A. Chaponnier. Belle épreuve (sans marges).

CHARDIN (d'après J. B. S.)

42. Le Benedicité, par Lépicié (5). Très belle épreuve (sans marges sur 3 côtés).

43. La Gouvernante, par Lépicié (24). Belle épreuve.

44. La Maîtresse d'école, par B. Lépicié (34). Très belle épreuve, *avec la date*.

45. L'Œconome, par Le Bas (39). Superbe épreuve.

46. La Fontaine — La Gouvernante — La Pourvoyeuse — Le Jeu de cartes — Le Négligé — La Mère laborieuse, etc. Seize pièces (rognées ou manquant de conservation).

CHARLIER (d'après)

47. Un Tendre engagement va plus loin qu'on ne pense, par Elluin. Très belle épreuve.

COCHIN FILS (C. N.)

48. Décorations du Bal paré et de la Salle de Spectacle donnés à Versailles, à l'occasion du mariage de Louis, Dauphin de France, 1745. Deux pièces. Belles épreuves, à toutes marges.

COCHIN & WATTEAU (d'après)

49. Cochin (C. N.), par A. de St Aubin, *avant la lettre* — Chardin, par J. F. Rousseau — Tête de Femme, par Boucher. Trois pièces. Belles épreuves.

COIFFURES & COSTUMES

50. Coiffures Louis XVI — Costumes Louis XVI — La Mésangère, Costume Parisien, 1800-1820, 14 pl., etc. Ensemble 39 pièces, la plupart *coloriées* (une épreuve en couleurs).

51. Modes (fin du XVIIIe et du début du siècle), 35 pl., in-8, *coloriées*.

52. *Habillements à la Mode de Paris*, 6 pl., par J. Gilberg, d'apr. A. de St Aubin. Très belles épr., *imp. en sanguine*.

53. Coiffure à l'Espérance — Costumes français, russes, anglais — Les Joueurs — Les Dames anglaises après dîné — Suprême Bon Ton, 1 pl. — Membres du Directoire, etc., 72 pl., la plupart *coloriées* (plusieurs manquent de conservation).

54. Bustes de Modes (Mondhare) — La Maman complaisante (Basset) — Déclaration d'Amour, les Salutations (Desrais) — Coiffures (Duhamel). Ensemble 12 pl. *coloriées*.

CONDÉ (P.)

55. *Master Pio Cianchettini, Surnamed Mozart Britannicus.* In-4. Très belle épreuve, *coloriée.* Très rare.

COYPEL (d'après Ch.)

56. *Mad^e de* ** (Mme de Mouchy) *en habit de Bal*, par L. Surugue. Très belle épreuve.

DEBUCOURT (P. L.)

57. Alexandre Ier (M. F. 200). Belle épreuve, *imp. en couleurs*, avec *rehauts.* Rare.

58. Le Joueur de cornemuse, d'apr. C. Vernet (414). Belle épreuve, *coloriée* (le titre coupé à moitié).

59. Marchand de vin des environs de Rome (411). Belle épreuve, *coloriée.* Encadrée.

60. Les Chevaux de bateaux, d'apr. C. Vernet (412). Belle épreuve, *coloriée.* Encadrée.

61. Anglais en habit habillé, d'apr. C. Vernet. Belle épreuve, *coloriée.*

62. Le Chiffonnier — Passez, Payez, 2 pl. d'apr. C. Vernet — Caroline (voiture), par Lœillot — M. Crouton, par V. Auger. Quatre pièces.

DEMARTEAU (G.)

63. Les Amants surpris (L. de L. 62) — Tête de vieille (150) — Sujet gracieux (164) — Jeune Femme aux deux colombes (510). Quatre pièces, *imp. aux crayons* ou *en sanguine.* Bonnes épreuves.

64. Le Chien savant, d'apr. Le Prince. Belle épreuve, *imp. en sanguine* (les noms des artistes grattés).

65. L'Education de l'Amour, d'apr. F. Boucher (24). Belle épreuve, *imp. en sanguine.*

66. L'Education de l'Amour, d'apr. F. Boucher. Belle épreuve, *imp. en sanguine* (épidermures dans la marge du bas).

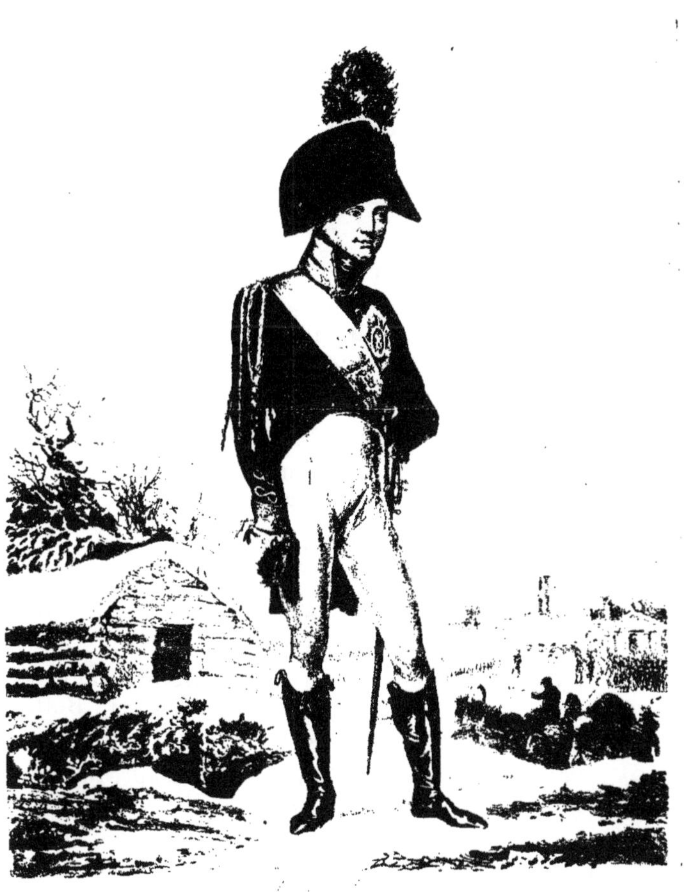

N° 57 du Catalogue.

67. Femme couchée et Amour, d'apr. Boucher (46). Belle épreuve, *imp. en sanguine.*

68. La Jeune Bergère, d'apr. J. B. Huet (515). Superbe épreuve, *tirée en 3 tons.*

69. Le Loup berger, d'apr. J. B. Huet (565). Belle épreuve, *tirée en 3 tons.*

70. Le Poète, d'apr. Clermont (445). Très belle épr., *tirée en 3 tons.*

71. Portrait de Rubens, d'apr. Watteau (340). Bonne épreuve.

72. Portrait de Femme, d'après Fredou (422). Belle épreuve, *tirée en 3 tons.*

73. Tête de Femme, d'apr. F. Boucher. Belle épreuve, *tirée en 2 tons* (sans marges).

74. Tête de Jeune Femme, d'apr. Le Prince (338). Très belle épreuve, *aux trois crayons.*

75. Tête de Femme, d'apr. C. Vanloo (L. de L. 283). Belle épreuve, *tirée en sanguine.*

76. Paysanne avec trois Enfants, d'apr. F. Boucher (81). Très belle épreuve, *imp. en sanguine.*

77. Fillette à la raquette (103) — Fillette arrosant des fleurs. Deux pièces, d'apr. F. Boucher. Belles épreuves, *imp. en sanguine.*

77 *bis.* Têtes de Femmes. Deux pièces, d'apr. F. Boucher. Belles épreuves, *tirées en sanguine.*

78. Le Berger — La Bergère. Deux pièces, d'apr. J. B. Huet, se faisant pendants (Nos 508-509). Très belles épreuves, *imp. aux 3 crayons.*

78 *bis.* Les Baigneuses — La Leçon de flûte. Deux pièces d'apr. F. Boucher. (Nos 550-551). Superbes épreuves, *imp. aux 3 crayons.*

78 *ter.* Pastorale, d'apr. F. Boucher (no 487). Très belle épreuve, *imp. aux 3 crayons.*

79. Femme dansant, d'apr. Boucher (232) — Tête de femme, d'apr. le même (34). Deux pièces. Belles épreuves, *tirées en sanguine.*

80. Livre d'Animaux, frontispice du 2e livre et 4 pl., d'apr. C. Huet et Dagommer. Belles épreuves, *imp. en sanguine.*

81. Figures diverses, d'apr. F. Boucher (nos 92, 95, 167, 178, 239). Cinq pièces. Très belles épreuves, *imp. en sanguine.*

82. Trophées et études diverses, d'apr. J. B. Huet. Sept pièces. Belles épreuves, *imp. en sanguine.*

DEMARTEAU — BONNET

83. Allégorie — Têtes et sujets de genre. Six pièces, d'apr. Boucher, Vanloo, Pierre et Le Barbier. Belles épreuves, *imp. en sanguine.*

DENY

84. L'Agréable surprise — L'Hommage accepté. Deux pièces de forme ovale, se faisant pendants. Belles épreuves.

DESSINS

ANONYME (XVIIIe siècle)

85. Personnages de la Comédie Italienne, 12 dessins à la sanguine.

BERICOURT

86. Une Foire. A l'encre de chine, rehaussé d'aquaquarelle. L. 455. H. 290.

BOUCHER (F.)

87. Tête d'homme grimaçant. A la sanguine.

87 *bis*. Buste d'Homme, tourné de trois-quarts à gauche. A la sanguine.

ECOLE FRANÇAISE (XVIIIe siècle)

88. Pastorales. Deux gouaches.

89. Portrait de Femme. Pastel. Encadré.

90. Sujets divers, études, paysages. Dix-huit dessins attribués à divers artistes. Trois lots.

GERMAIN

91. Le Raccommodeur de faïences. Sépia avec quelques rehauts, *signée*.

GREUZE (J. B.)

92. Tête de Jeune Garçon. Contre-épreuve de sanguine.

92 *bis*. Tête de Vielliard. Contre-épreuve de sanguine.

LÉPICIÉ (attribué à N. B.)

93. La Noce de village. Peinture sur bois. Encadrée.

L. 230. H. 145.

93 *bis*. La Danse au village. Peinture sur bois. Encadrée.

L. 230. H. 145.

Ces deux peintures, d'une coloration délicate, sont très habilement composées et forment pendants.

MINIATURE (XVIIIe siècle)

94. Portrait d'Homme, à habit vert. (De forme ovale. Encadrée.)

NICOLLE (J. V.)

95. Vue de Rome. Aquarelle. Signée. Encadrée.

96. Vue de Rome. Aquarelle. Signée. Encadrée.

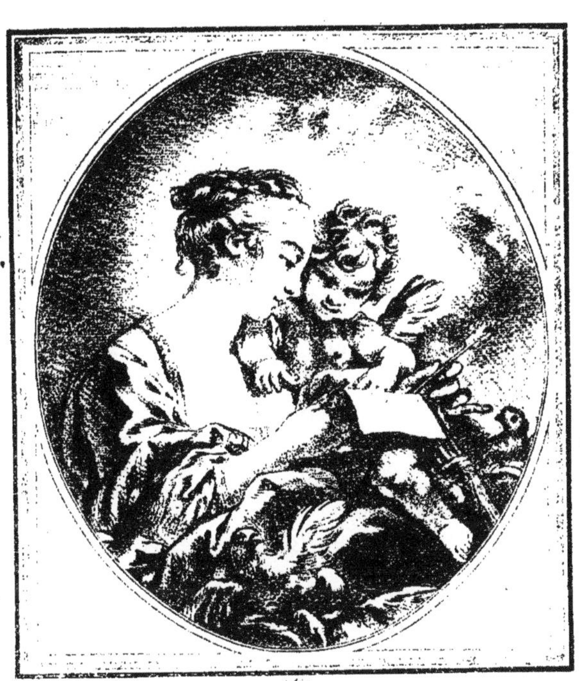

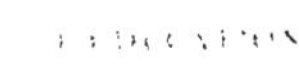

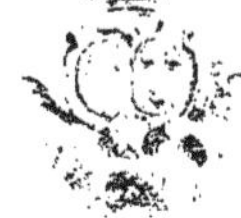

N° 65 du Catalogue.

97. Vue de Rome. Aquarelle. Signée. Encadrée.

98. Vue de Rome. Aquarelle. Encadrée.

ROBERT (Hubert)

99. L'Arbre penché. A la sanguine. Contre-épreuve.

SERVANDONI (J. N.)

100. Intérieur de St-Pierre de Rome. Important dessin, lavé d'encre de chine et rehaussé d'aquarelle.

DUMÉNIL (d'après)

101. Le Supot de Bacchus — Le Chantre à table. Deux pièces, par Basan et Dupuis. Superbes épreuves.

DURIG

102. *A la Reine. Cartouche de la Cassette contenant les quatre Pièces de Batiste dont la Ville a fait Hommage à la Reine, au Mois de Décembre 1778.* Très rare. Belle épreuve (quelques cassures).

ECOLE FRANÇAISE ET ANGLAISE (XVIIIe siècle)

103. La Peinture. Très belle épreuve.

104. Bacchant, par C. Watson, 1786, d'apr. Rubens — Enfant endormi (par Bartolozzi?) — *The Finding of Cyrus*, par J. Boydell. Trois pièces.

105. Jeune Femme à sa toilette — Vénus endormie — Diane endormie. Trois pièces, deux par Littret, d'apr. St Quentin. Très belles épreuves.

106. Invocation à l'Amour, par Guttenberg, d'apr. Theolon — L'Amour désarmé, par Fessard, d'apr. Boucher — La Peinture, par Duflos, d'apr. Delarue — Pygmalion, par Le Mire, d'apr. Moreau le jeune. Quatre pièces. Belles épreuves.

107. L'Atelier du peintre, par Basan, d'apr. Lallemand — Promenade de Barcelone, par Godefroy fils — Pygmalion amoureux de sa statue, par Dennel, d'apr. Lagrenée — La petite Jalouse, par Gaillard, d'apr. Jeaurat. Quatre pièces. Belles épreuves (une *avant la lettre*).

108. Les Appas multipliés — Le Contretemps — Le Réfractaire amoureux — Départ pour le Sabbat. Quatre pièces, d'apr. Baudouin, St Aubin, Challe et Queverdo (tirage postérieur).

109. Les Œufs cassés — L'Air — Les Aveux indiscrets — L'Innocence, etc. Cinq pièces, d'apr. Greuze, Metay, Pater et Vien.

110. La Bergère — Amour, par Demarteau et Jordan, d'apr. Boucher — Chapeau en Ballon, d'apr. Huet — Le Petit maître, par Bonnet — Caudebec (2e vue), par Le Gouaz, d'apr. Hackert. Cinq pièces (4 tirées en sanguine).

111. Autel de l'Amitié — La Marguerite — La Romance, etc. Six pièces, par Bonnet, Gautier, etc., d'apr. Boucher, Le Cœur, Schenau, 3 *tirées en sanguine* ou *en couleurs*.

112. Les Patineurs Anglais — Les Beignets — Dans cette aimable solitude — L'Ouvrière en dentelles — Vertumne et Pomme — Feste en l'honneur de Bacchus. Six pièces, d'après Fragonard, Lavreince, Lancret, etc.

113. Têtes diverses, 6 pl., d'apr. Greuze, Le Prince, etc., *tirées en sanguine*.

114. Vertumne et Pomone — Le Petit Maître d'école — Le petit Ménage — Pastorale, etc. Sept pièces, par A. de St Aubin, Huquier et Chedel, d'apr. F. Boucher.

115. *Groupe tiré du superbe Dessin de M. Moreau le jeune...*, par G. Malbeste — Accidents de courses, 5 pl. par Alken — Vignette, par De Longueil,

d'apr. Eisen. Ensemble sept pièces. Belles épreuves.

116. Le Maître de Musique — Le Petit prédicateur — Le petit Ménage — La Cascade, etc. Huit pièces, d'apr. Boucher, Fragonard, etc. (2 manquent de conservation).

117. Les Merveilleuses, par Darcis, d'apr. C. Vernet — La Chute dangereuse, par De Launay, d'apr. Meyer — Etudes, d'apr. Watteau, etc. Neuf pièces, la plupart en belles épreuves.

118. Evening — Morning — Content — Ella — Sparabella, etc. Dix pièces, par C. Taylor, Nutter et Ogborne, 1787. Belles épreuves, *tirées en bistre*.

119. Etudes diverses, 11 pl. par Demarteau, Lucien, Roubillac, etc., d'apr. Boucher, Jeaurat, Vanloo, etc. (y compris 2 copies). Epreuves *tirées en sanguine*.

120. Sujets de genre, d'après Chardin, Lancret, Watteau et Boucher, 11 pl.

121. Baisez vite — Le Minuit — Ne réveillez pas le chat qui dort — Bouclier Français, 2 pl. — Le Convoi d'un brave — La Volupté l'endort — Le petit Orphelin — Le Prix du Vainqueur — Le Troubadour — Lisbeth — Mirate — Ah! c'en est fait, je me marie. Treize pièces, par Mécou, Dissard, Augrand, etc. (5 *imp. en couleurs* ou *coloriées*) (1er Empire).

122. Sujets divers et Paysages. Quinze pièces, d'apr. Watteau, Boucher, Cosway, Loutherbourg, Jeaurat, etc. Belles épreuves.

123. Sujets gracieux, d'apr. Fragonard, Aubry, Boucher, Freudeberg, etc. Vingt-cinq pl., la plupart de tirage postérieur.

EISEN (d'après F.)

124. Le Beau Commissaire, par Halbou. Très belle épreuve.

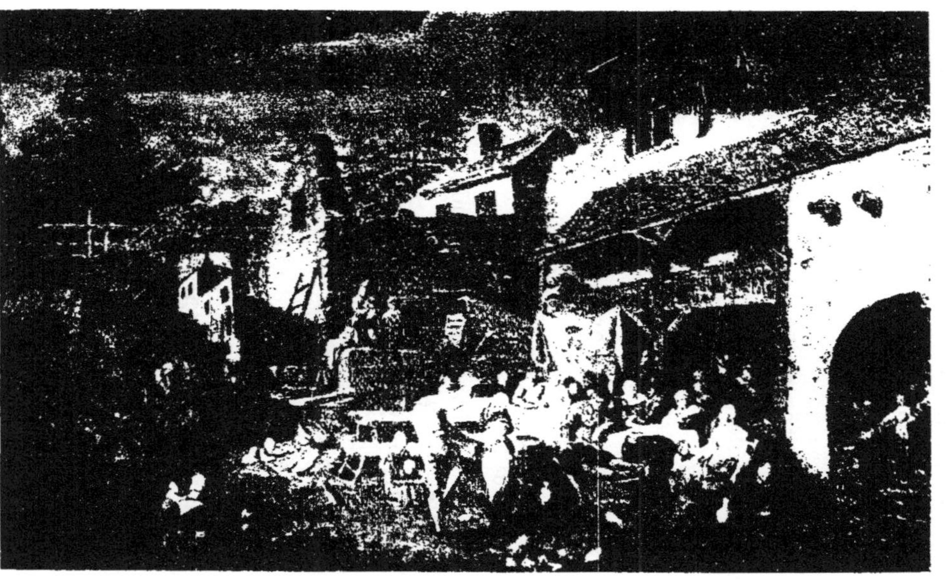

N° 93 du Catalogue.

FIESINGER (G.)

125. Mirabeau, d'apr. J. Guérin. Très belle épreuve.

126. Desaix — Gouvion St Cyr — Le Fevre — Masséna — Moreau — Regnier — Ste Susanne. Sept pièces, d'après J. Guérin. Très belles épreuves.

FRAGONARD (d'après H.)

127. La Bascule, par Beauvarlet. Très belle épreuve (petite cassure).

128. *Fant Fant*, par Delaneau. Très belle épreuve, *tirée en bistre*.

129. L'Inspiration Favorable, par L. M. Halbou. Belle épreuve (piquée).

130. Le Parc, copie par l'abbé de Saint-Non. Très belle épreuve.

131. Serment d'Amour, par Audebert. Très belle épreuve, *imp. en couleurs*.

132. Le Verrou, par Blot. Très belle épreuve, *avant la dédicace*.

132 *bis*. La même estampe. Très belle épreuve.

133. Contes de La Fontaine. Onze pièces, par Delignon, Ponce, Dambrun, Halbou, etc.

FRANÇOIS (J. Ch.)

134. Louis Quinze Roy de France — Marie de Pologne Reine de France. Deux pièces se faisant pendants. Superbes épreuves, *imp. en sanguine*.

FREUDEBERG (d'après S.)

135. Le Négociant ambulant — Le Soldat en Semestre. Deux pièces, par Ingouf, se faisant pendants. Belles épreuves.

GÉRARD (d'après Mlle Marg.)

136. Les Regrets mérités, par N. De Launay. Très belle épreuve, *avant la lettre.*

GREUZE (d'après J. B.)

137. La Tricoteuse endormie, par C. D. Jardinier. Très belle et rare épreuve, *avant toute lettre, non terminée.*

138. La Petite Mère — La jeune Nourrice. Deux pièces, par F. A. Moitte, se faisant pendants. Belles épreuves.

HAID (J. E.)

139. Louis Auguste, Dauphin de France. Belle épreuve.

HOGARTH (d'après W.)

140. Le Mariage à la Mode, suite de 6 pl. Très belles épreuves.

HOIN (d'après Cl.)

141. L'Ecueil de la Sagesse — La Tendre Amitié. Deux pièces, par De Monchy, se faisant pendants. Belles épreuves de tirage postérieur.

JANINET (J. F.)

142. Hébé, d'apr. Le Barbier. Très belle épreuve, *imp. en couleurs.*

JANINET — GUYOT

143. Paris : Maison du Cte de Pont St Maurice — Vues du Palais-Royal — Vue de la Maison de M. de La Haye — Nouvelle façade de l'Ambigu Comique — Nouvelle barrière St Denis — Hôtel de la Monnaie — Porte St Martin. Dix pièces de forme ronde (3 tirées sur le même cuivre). Très belles épreuves, *imp. en couleurs.*

KAUFFMAN (d'après Angelica)

144. L'Amour et les Grâces. Deux pièces de forme ronde, par Ryland et Scorodomoff, se faisant pendants. Belles épreuves, *imp. en sanguine*. Encadrées (cadres ronds anciens).

LANCRET (d'après Nic.)

145. Le petit Chien qui secoue de l'argent, par N. De Larmessin. Belle épreuve.

145 *bis*. La Jeunesse, par N. de Larmessin (45). Belle épreuve.

145 *ter*. Le Matin (49) — L'Automne (12). Deux pièces, par N. de Larmessin. Belles épreuves (cassures à une pl.).

146. Le Glorieux, par N. Dupuis (37, 2e état sur 3) — Le Philosophe marié, par C. Dupuis (61) 1er état. Deux pièces se faisant pendants. Belles épreuves.

LAURENCIA (d'après Sir Thomas)

147. Lady Hamilton, par S. Cousins? Très belle et très rare épreuve, *avant toute lettre*.

148. *The Rose bud* (Lady Ashley), par J. R. Jakson. Très belle épreuve.

LAVREINCE (d'apr. Nic.)

149. L'Heureux Moment, par N. De Launay (28). Superbe et très rare épreuve, *avant la dédicace* avec la *tablette blanche* et les initiales de Lempereur dans l'écusson ; à toutes marges (très légères mouillures dans la marge de gauche).

150. Les Soins mérités, par R. De Launay (60). Superbe épreuve du 1er état, à la *tablette blanche* : toutes marges (légères mouillures en marge).

150 *bis*. Qu'en dit l'Abbé? par N. De Launay (51). Belle épreuve de tirage postérieur.

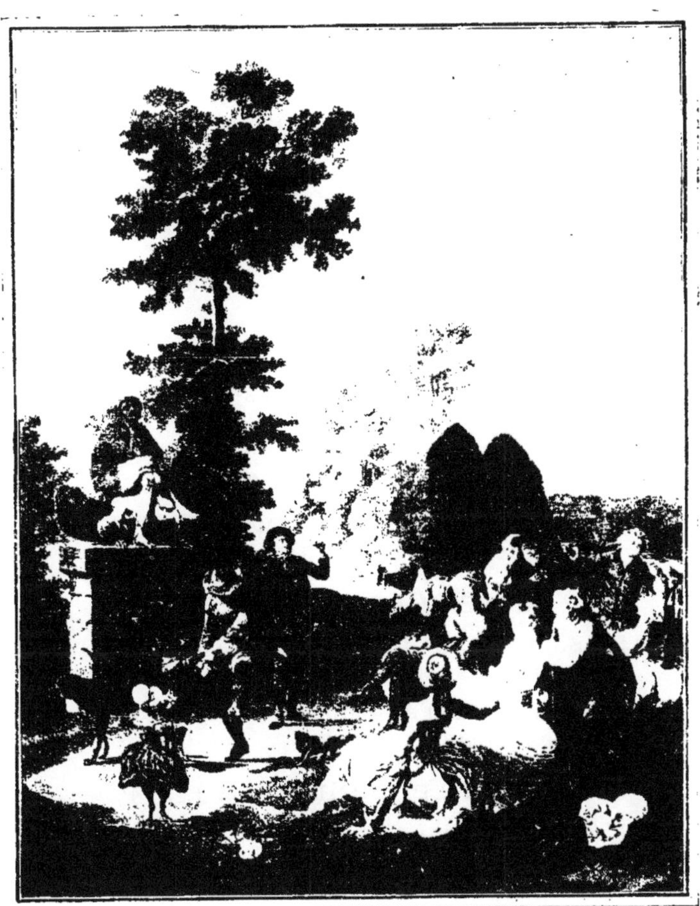

N° 178 du Catalogue.

LE PRINCE et Mlle GERARD (d'après)

151. L'Amour à l'espagnole — Les Regrets mérités. Deux pièces, par A. de St Aubin et N. De Launay. Belles épreuves, de tirage postérieur.

MARTINET (F. N.)

151. *Philis, point de faiblesse...* Belle épreuve.

MERCIER (d'après Ph.)

153. *Native Meltons*, par Rich. Houston. Très belle épreuve.

MONNET (d'après Ch.)

154. Le Larcin, par Robillac. Très belle épreuve, *imp. en couleurs*.

MOREAU L'AINÉ (L.)

155. Le Villageois entreprenant, par Germain et Patas. Très belle épreuve.

MOREAU LE JEUNE (J. M.)

156. La Borde (J. Bte de), d'apr. De Non. Três belle épreuve.

157. Constitution de l'Assemblée Nationale (205). Belle épreuve, *avant la lettre*.

MOREAU LE JEUNE (d'après J. M.)

158. L'Accord parfait — La Rencontre au bois de Boulogne. Deux pièces par Helman et Guttenberg. Très belles épreuves (filets de marge).

ORNEMENTS

158 *bis*. Berain (Jean) Panneaaux arabesques, 8 pl. — Commodes et Lustres, 3 pl. — Chandeliers, Caisse de carrosse, etc., 7 pl. Ensemble 18 pièces. Belles épreuves.

159. Fay (J. B.). Arabesques. Douze pièces. Belles épreuves.

160. Guertière (F. de la). Grotesques de Raphaël, suite de 17 pl. (incomplète des pl. 4, 6, 9, 13 et 17), soit douze pièces. Belles épreuves (une déchirée).

161. Lacollombe (De). *Nouveaux dessins d'arquebuserie, 1730*. Suite complète de 5 pl. Rares. Belles épreuves.

162. Queverdo (F. M.) — Guyot (L.). Arabesques, panneaux, etc. Sept pièces. Belles épreuves.

162 *bis*. Ranson — Salembier — Robert. Montants — Groupes de Fleurs — Frises, etc. Quatorze pièces. Belles épreuves.

163. Ranson — De la Fosse. Attributs et Trophées. Huit pièces.

164. Salembier. Vases, 2e cahier, pl. 9, 10 — Sucriers, 3e cahier, pl. 15, 17 — Saucières, Salières, 4e cahier, pl. 20, 23. Six pièces, rares. Très belles épreuves.

165. Ornements, architecture, frontispices, cartouches, etc., 110 pl. (un certain nombre du XVIIIe siècle).

PRUDHON (d'après P. P.)

166. L'Amour réduit à la Raison — La Vengeance de Cérès. Deux pièces, par L. Copia. Belles épreuves.

167. Naufrage de Virginie, par B. Roger, *avant la lettre* — Daphnis et Chloé, par le même — A la mémoire de Prudhon, par Soinard. Trois pièces. Belles épreuves.

REGNAULT (N. F.)

168. Soir. Très belle épreuve.

REYNOLDS (d'après Sir Joshua)

169. Spencer (C^{sse}), par E. Gosselin, 1895. Très belle épreuve, *imp. en couleurs.*

170. Samuel, d'apr. le dessin de J. Dean, par Dickinson, 1805. Belle épreuve (sans marges sur 3 côtés et doublées).

RUSSELL et MILLER (d'après)

171. *Betsy in Trouble — The Dog's first sight of himself — You cant Write.* Trois pièces, par Bonnefoy, formant série. Belles épreuves, *imp. en couleurs.*

SAINT-NON (l'abbé de)

172. Têtes de Fantaisies et Paysages. Onze pièces, d'apr. Tiepolo et H. Robert. Belles épreuves.

SCHENAU (d'après J. E.)

173. Le Dédomagement de l'Absence, par Vidal. Très belle épreuve.

174. La même estampe. Belle épreuve.

SMITH (J. R.)

175. Une Paysanne, d'apr. Woodford. Bonne épreuve, *tirée en bistre* (rognée à l'ovale).

SMITH (d'après J. R.)

176. *What you will*, par J. P. Levilly. Belle épreuve (sans marges).

STUBBS (George)

177. *Game Keepers — Labourens.* Deux pièces, par Henry Birche, 1790, se faisant pendants. Très belles épreuves (petite épidermure à une pl.).

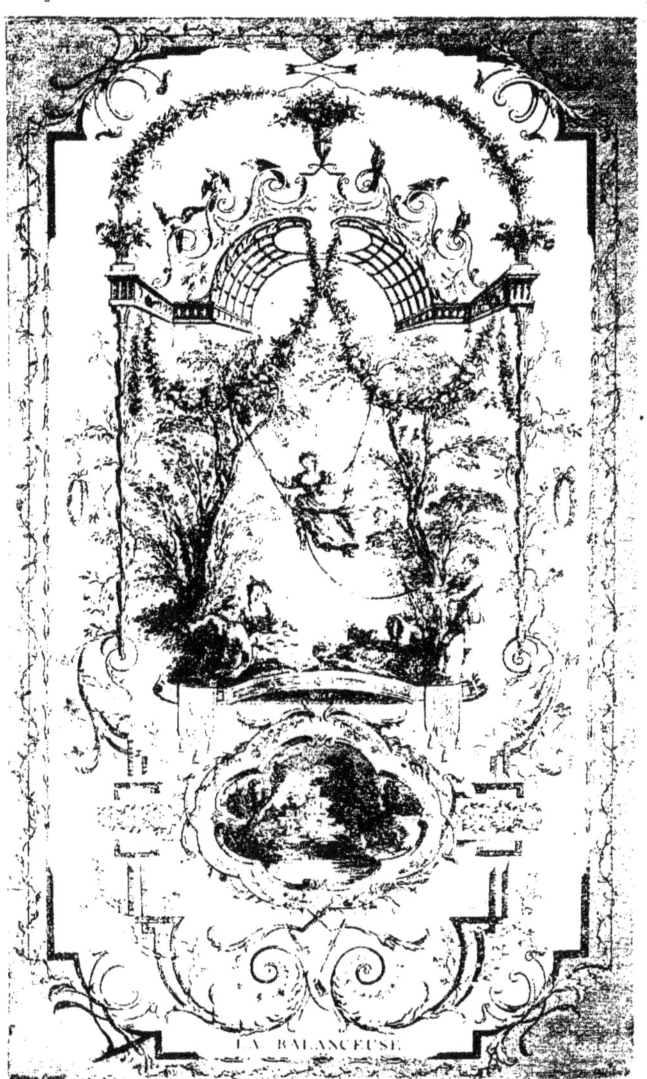

Nº 190 du Catalogue.

TAUNAY (d'après)

178. Le Tambourin, par Descourtis. Belle épreuve, *imp. en couleurs.*

TURNER (Ch.)

179. Angoulême (D[se] d'), d'apr. Huet Villiers. Belle épreuve. Encadrée.

VANGÉLISTY (V.)

180. La Jeune Flamande — La Vieille Flamande. Deux pièces, d'apr. C. Visscher, se faisant pendants. Très belles épreuves, *imp. en sanguine.*

VARIN (C. N.)

181. La Danse de l'Ours — Occupations champêtres. Deux pièces. Très belles épreuves.

VERNET (d'après Carle)

182. Napoléon le Grand, par Simon. Très belle épreuve.

VIEN (d'après J. M.)

183. La Marchande d'Amours, par Beauvarlet. Belle épreuve, *avant toute lettre.*

VIGNETTES

184. Frontispices et Vignettes du XVIIIe siècle. Dix pièces, plusieurs *avant la lettre* ou à l'*état d'eau-forte.*

185. Vignettes et Frontispices (Les Grâces, les A-propos de la Folie, etc.), 25 pl. de Moreau le jeune, Binet, Marillier, etc.

WATTEAU (d'après Ant.)

186. *Qu'ay je fait assassins maudits*, par Caylus et Joullain (25). Belle épreuve.

187. Retour de campagne, par N. Cochin (53). Belle épreuve (double pli).

188. L'Amante inquiète, par P. Aveline (81). Belle épreuve.

189. *Voulez-vous triompher des Belles?* par Thomassin (179). Très belle épreuve.

190. Feste bachique (199) — La Balanceuse (200) — Partie de chasse (201) — Le May (202). Suite de quatre grandes arabesques, par Moyreau, Le Bas, Scotin et Aveline. Très belles épreuves (3 pl., n'ont pas de marge dans le haut).

191. La Grotte, par Huquier (249). Très belle épreuve.

192. Apollon — Diane (265-266). Deux pièces, par Huquier, se faisant pendants. Très belles épreuves.

193. La Voltigeuse, par Huquier (268). Très belle épreuve.

194. L'Empereur Chinois — Divinité Chinoise (274-275). Deux pièces, par Huquier, se faisant pendants. Très belles épreuves.

195. Le Temple de Neptune — Le Temple de Diane 278-279). Deux pièces, par Huquier, se faisant pendants. Très belles épreuves.

196. Les Saisons (284-287). Suite complète de 4 pièces, par G. Huquier. Très belles épreuves.

197. Colombine et Arlequin, par J. Moyreau (306). Belle épreuve.

198. Sous un habit de Mezzetin, par Thomassin (sans marges) — Paysage, par Boucher — Têtes de caractères, par Filleul, Caylus, etc. Ensemble onze pièces. Belles épreuves.

WILLE (J. G.)

199. Bons Amis — Jeune Joueur d'instrument. Deux pièces, d'apr. Ostade et Schalcken. Très belles épreuves.

200. Musiciens ambulans, d'apr. Dietricy. Belle épreuve.

WILLE FILS (d'après P. A.)

201. Les Conseils maternels — La Mère indulgente. Deux pièces, par L. Lempereur, se faisant pendants. Très belles épreuves.

202. Le petit Marchand d'oranges, par Chevillet. Très belle épreuve, à toutes marges.

Imp. Frazier-Soye, 153-157, rue Montmartre. Paris.

www.ingramcontent.com/pod-product-compliance
Ingram Content Group UK Ltd.
Pitfield, Milton Keynes, MK11 3LW, UK
UKHW021030260726
13994UKWH00005B/2060

9 782329 514567